BEI GRIN MACHT SICH IHR WISSEN BEZAHLT

- Wir veröffentlichen Ihre Hausarbeit, Bachelor- und Masterarbeit
- Ihr eigenes eBook und Buch - weltweit in allen wichtigen Shops
- Verdienen Sie an jedem Verkauf

Jetzt bei www.GRIN.com hochladen und kostenlos publizieren

Bibliografische Information der Deutschen Nationalbibliothek:

Die Deutsche Bibliothek verzeichnet diese Publikation in der Deutschen Nationalbibliografie; detaillierte bibliografische Daten sind im Internet über http://dnb.d-nb.de/ abrufbar.

Dieses Werk sowie alle darin enthaltenen einzelnen Beiträge und Abbildungen sind urheberrechtlich geschützt. Jede Verwertung, die nicht ausdrücklich vom Urheberrechtsschutz zugelassen ist, bedarf der vorherigen Zustimmung des Verlages. Das gilt insbesondere für Vervielfältigungen, Bearbeitungen, Übersetzungen, Mikroverfilmungen, Auswertungen durch Datenbanken und für die Einspeicherung und Verarbeitung in elektronische Systeme. Alle Rechte, auch die des auszugsweisen Nachdrucks, der fotomechanischen Wiedergabe (einschließlich Mikrokopie) sowie der Auswertung durch Datenbanken oder ähnliche Einrichtungen, vorbehalten.

Impressum:

Copyright © 2017 GRIN Verlag
Druck und Bindung: Books on Demand GmbH, Norderstedt Germany
ISBN: 9783668818859

Dieses Buch bei GRIN:

https://www.grin.com/document/438806

Saskia Schmidt

Betriebswirtschaftslehre III. Jahresabschlussanalyse, Controlling, Kostenrechnung

GRIN Verlag

GRIN - Your knowledge has value

Der GRIN Verlag publiziert seit 1998 wissenschaftliche Arbeiten von Studenten, Hochschullehrern und anderen Akademikern als eBook und gedrucktes Buch. Die Verlagswebsite www.grin.com ist die ideale Plattform zur Veröffentlichung von Hausarbeiten, Abschlussarbeiten, wissenschaftlichen Aufsätzen, Dissertationen und Fachbüchern.

Besuchen Sie uns im Internet:

http://www.grin.com/

http://www.facebook.com/grincom

http://www.twitter.com/grin_com

Deutsche Hochschule für

Prävention und Gesundheitsmanagement

Hermann Neuberger Sportschule 3

66123 Saarbrücken

Einsendeaufgabe

Fachmodul: Betriebswirtschaftslehre III

Studiengang: Sportökonomie

Datum
Präsenzphase 24.07.-27.07.2017

Name, Vorname: Schmidt, Saskia Selina

Studienort: **Hamburg**

Semester: **WS 2015**

Inhaltsverzeichnis

1 JAHRESABSCHLUSSANALYSE 3

1.1 Teilanalysen der Jahresabschlussanalyse 3

    1.1.1 Vertikale Strukturanalyse (Passivseite) für 2015 und 2016 3

    1.1.2 Kurzfristige Finanzanalyse für 2015 und 2016 3

    1.1.3 Erfolgsanalyse (Rentabilitätskennzahlen) für 2015 und 2016 5

1.2 Wirtschaftliche Entwicklung 6

2 CONTROLLING 10

    2.1 Entwicklung eines Kennzahlensystems 8

    2.2 Entwicklung eines Controllingsystems 8

    2.3 Interpretation Controllingsystem 9

3 KOSTENRECHNUNG 10

    3.1 Zuschlagskalkulation 10

    3.2 Deckungsbeitragsrechnung 12

    3.3 Interpretation einer Deckungsbeitragssituation 13

4 LITERATURVERZEICHNIS 14

5 ABBILDUNGS- UND TABELLENVERZEICHNIS 15

5.1 Tabellenverzeichnis 15

5.2 Abbildungsverzeichnis 15

1 Jahresabschlussanalyse

1.1 Teilanalysen der Jahresabschlussanalyse

1.1.1 Vertikale Strukturanalyse (Passivseite) für 2015 und 2016

Im Folgenden wird die vertikale Strukturanalyse der Passivseite erstellt. Hierbei wird die Eigenkapitalquote, die Fremdkapitalquote, der Verschuldungsgrad und der Kapitalumschlag berechnet.

Eigenkapitalquote (EQ)

$EQ = $ *(Eigenkapital : Gesamtkapital) x 100*

$EQ\ 2015 = (1.255.800\ € : 2.149.100\ €)\ x\ 100 = 58,43\ \%$

$EQ\ 2016 = (1.438.000\ € : 2.731.800\ €)\ x\ 100 = 52,63\ \%$

Fremdkapitalquote (FQ)

$FQ = $ *Fremdkapital ((Rückstellungen + Verbindlichkeiten) : Gesamtkapital) x 100*

$FQ\ 2015 = ((105.300\ € + 788.000\ €) : 2.149.100€)\ x\ 100 = 41,57\%$

$FQ\ 2016 = ((100.500\ € + 1.193.300\ €) : 2.731.800\ €)\ x\ 100 = 47,36\ \%$

Verschuldungsgrad (VG)

$VG = $ *(Fremdkapital : Eigenkapital) x 100*

$VG\ 2015 = (893.300\ € : 1.255.800\ €)\ x\ 100 = 71,13\%$

$VG\ 2016 = (1.293.800\ € : 1.438.000\ €)\ x\ 100 = 89,99\%$

Umschlagshäufigkeit des Kapitals (USH (K))

$USH\ (K) = $ *Umsatz : durchschnittliches Gesamtkapital*

$USH\ (K)\ 2015 = 3.150.257\ € : 2.440.450\ € = 1,30$

$USH\ (K)\ 2016 = 3.652.369\ € : 2.440.450\ € = 1,50$

1.1.2 Kurzfristige Finanzanalyse für 2015 und 2016

Als Nächstes wird die kurzfristige Finanzanalyse dargestellt, in der die Liquidität 1. Grades, der Cashflow und das Working Capital berechnet wird.

Liquidität 1. Grades (L1)

$L1 = (Zahlungsmittelbestand : kurzfristige Verbindlichkeiten) \times 100$

$L1\ 2015 = (83.500\ € : 291.500\ €) \times 100 = 28,65\%$

$L1\ 2016 = (119.100\ € : 360.600\ €) \times 100 = 33,03\%$

Cashflow (CF)

$CF = Gewinn + Abschreibungen$

Hierfür muss erst der Gewinn durch die Formel der Gesamtkapitalrentabilität (GKR) ermittelt werden.

$GKR = ((Gewinn + Fremdkapitalzinsen) : Gesamtkapital) \times 100$

Umstellung der Formel:

$Gewinn = ((Gesamtkapitalrentabilität) : 100) \times Gesamtkapital - Fremdkapitalzinsen$

Um diesen Wert berechnen zu können, müssen an dieser Stelle zunächst die Fremdkapitalzinsen (FKZ) für 2015 und 2016 errechnet werden.

$FKZ = Fremdkapitalzinssatz \times langfristige Verbindlichkeiten$

$FKZ\ 2015 = 4,36\ \% \times 496.500\ € = 21.647.400\ €$

$FKZ\ 2016 = 2,33\ \% \times 832.700\ € = 19.401.910\ €$

Gewinn:

$G2015 = (5,23\ \% : 100) \times 2.149.100\ € - 21.647.400\ € = 90.750,53\ €$

$G2016 = (7,38\ \% : 100) \times 2.731.800\ € - 19.401.910\ € = 182.209,49\ €$

Cashflow (CF):

$CF\ 2015 = 90.750,53\ € + 72.250\ € = 163.000,53\ €$

$CF\ 2016 = 182.209,49\ € + 94.360\ € = 276.569,49\ €$

Working Capital

$Working\ Capital = Umlaufvermögen - kurzfristige Verbindlichkeiten$

$Working\ Capital\ 2015 = 651.400\ € - 291.500\ € = 359.900\ €$

Working Capital 2016 = 662.700 € - 360.600 € = 302.100 €

1.1.3 Erfolgsanalyse (Rentabilitätskennzahlen) für 2015 und 2016

In der Erfolgsanalyse werden die Gewinnänderungsrate, die Eigenkapitalrentabilität und die Umsatzrentabilität berechnet.

Gewinnänderungsrate

Gewinnänderungsrate = (Gewinn Geschäftsjahr : Gewinn Vorjahr) x 100
Gewinnänderungsrate = (182.209,49 € : 90.750, 53 €) x 100 = 200,78 %

Eigenkapitalrentabilität

Eigenkapitalrentabilität = (Gewinn : Eigenkapital) x 100
Eigenkapitalrentabilität 2015 = (90.750,53 € : 1.255.800 €) = 7,22 %
Eigenkapitalrentabilität 2016 = (182.209,49 € : 1.438.000 €) = 12, 67 %

Umsatzrentabilität

Umsatzrentabilität = (Gewinn : Umsatz) x 100
Umsatzrentabilität 2015 = (90.750,53 € : 3.150.257 €) x 100 = 2,88 %
Umsatzrentabilität 2016 = (182.209,49 € : 3.652. 369 €) x 100 = 4,99 %

Im Folgenden werden die errechneten Kennzahlen tabellarisch dargestellt.

Tab.1: Eigene Darstellung der errechneten Kennzahlen

	2015	2016
Eigenkapitalquote	58,43%	52,63%
Fremdkapitalquote	41,57%	47,36%
Verschuldungsgrad	71,13%	89,99%
Umschlagshäufigkeit des Kapitals	1,3	1,5
Liquidität 1. Grades	28,65%	33,03%
Cashflow	163.000,53 €	276.569,49 €

Working Capital	359.900,00 €	302.100,00 €
Eigenkapitalrentabilität	7,22%	12,67%
Umsatzrentabilität	2,88%	4,99%
Gewinnänderungsrate		200,78%

1.2 Wirtschaftliche Entwicklung

Mithilfe der errechneten Kennzahlen lässt sich die wirtschaftliche Entwicklung des Unternehmens XY GmbH bewerten.

Zunächst wird die Eigenkapitalquote des Unternehmens interpretiert. Die Eigenkapitalquote ist eine der wichtigsten Kennzahlen, die angibt, wie hoch der Anteil des Eigenkapitals im Unternehmen ist. Anhand dieses Wertes wird die Kreditwürdigkeit und das Unternehmensrisiko bewertet (Preißler, 2008, S.125).

Betrachtet man die Zahlen des Unternehmens, erkennt man, dass die Eigenkapitalquote von 2015 auf 2016 um 5,8% gesunken ist, was auf den ersten Blick als negativ zu bewerten ist. Die Senkung der Eigenkapitalquote bedeutet dann also, dass das Unternehmen eine höhere Abhängigkeit gegenüber Fremdkapitalgebern aufgebaut hat. Diese These wird ebenfalls durch den Anstieg der Fremdkapitalquote um 5,79% bestätigt. Die Fremdkapitalquote gibt an, wie hoch der Anteil des Fremdkapitals am gesamten Kapital ist (Hohl, Rohrbach, Meves & Bruss, 2006, S.67). Das Resultat der angestiegenen Fremdkapitalquote ist dann natürlich die Erhöhung des Verschuldungsgrades. Im Falle des Unternehmens XY ist der Verschuldungsgrad von 2015 auf 2016 um 18,86 % angestiegen. Im Jahr 2016 liegt der Verschuldungsgrad bei 89,99%, was nicht besorgniserregend ist, da ein Wert unter 100% bedeutet, dass das Unternehmen über mehr Eigenkapital als Fremdkapital verfügt (Wehrheim & Schmitz, 2005, S.128).

Als nächstes wird die Umschlagshäufigkeit des Kapitals betrachtet. Laut Vollmuth (2001, S.192) gibt dieser Wert an, wie hoch die Erlöse des Umsatzes im Vergleich zum Gesamtkapital sind. Erstrebenswert ist ein Wert von 1 oder höher, denn je höher der Wert, desto schneller fließen die finanziellen Mittel als Umsätze zurück in das Unternehmen. Das Unternehmen XY hat den Wert von 2015 auf 2016 um 0,2 gesteigert, wodurch die Umschlagshäufigkeit des Kapitals 2016 bei 1,5 liegt. Dieser Wert zeigt also, dass ein geringes Unternehmensrisiko vorliegt.

Die Liquidität des ersten Grades ist um 4,38 % gestiegen und liegt damit im Jahr 2016 bei 33,03%. Anzustreben ist laut Vollmuth und Zwettler (2008, S.61) ein Wert von 5-

10%, um fällige Zahlungen jederzeit ausführen zu können. Das Unternehmen XY liegt also deutlich über dem vorgesehenen Wert und hat sich innerhalb eines Jahres auch deutlich gesteigert. Ein weiteres Indiz für die gute Zahlungsfähigkeit des Unternehmens ist der Cashflow. Von 2015 auf 2016 ist dieser um 113.568,96 € gestiegen. Laut Ziegenbein (2007, S.118) wird damit der Umsatzüberschuss beschrieben. Hier wird also deutlich sichtbar, dass die Erhöhung des Fremdkapitals ein positives Resultat mit sich gebracht hat. Eine weitere Kennzahl, die zur Interpretation der wirtschaftlichen Entwicklung des Unternehmens hilfreich ist, ist die Umsatzrentabilität. Diese ist von 2,88 % auf 4,99 % gestiegen und gibt an, wie viel prozentual gesehen vom Umsatz als Gewinn bleiben (Vollmuth, 2001, S. 201). Dieser Anstieg zeigt also, dass sich der Gewinn des Unternehmens stark vergrößert hat. Belegt man diese These mit Zahlen, wird ersichtlich, dass sich der Gewinn sogar verdoppelt hat. Im Jahr 2015 erwirtschaftete das Unternehmen XY einen Gewinn von 90.750,53€ und 2016 liegt der Gewinn bei 182.209,49 €. Aufgrund dieser Verbesserung ist die wirtschaftliche Entwicklung des Unternehmens als absolut positiv zu interpretieren. Zu Beginn der Interpretation fiel die verschlechterte Fremdkapitalquote auf. Wahrscheinlich hat das Unternehmen etwas Neues eingeführt und investiert. Hierfür wurde dann Fremdkapital genutzt, welches selbstverständlich eine Verschlechterung des Verschuldungsgrades mit sich bringt. Diese beiden Werte sind allerdings am Ende der Interpretation nicht als negativ zu bewerten, da das Unternehmen viel mehr Gewinn erzielt hat und alle weiteren Kennzahlen ebenfalls stark verbessert hat.

Zusammenfassend kann man also sagen, dass sich die Investition durch Fremdkapital sehr gelohnt hat und das Unternehmen eine positive Entwicklung vorweist.

2 Controlling

2.1 Entwicklung eines Kennzahlensystems

Abb.1 : Eigene Darstellung des Kennzeichensystems der XY GmbH

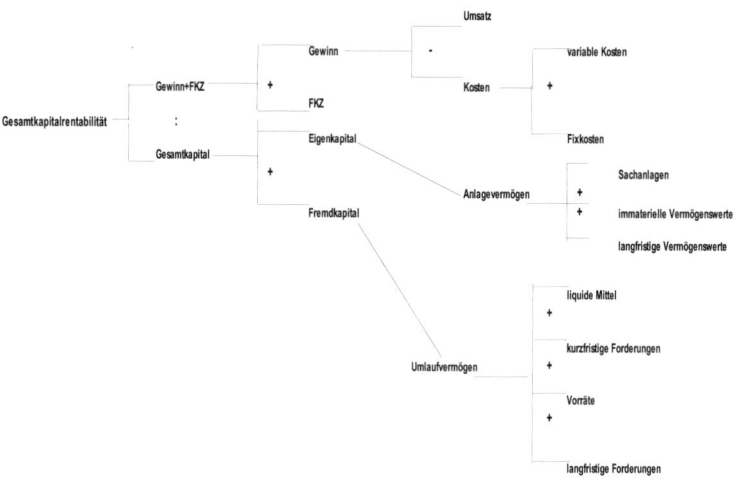

2.2 Entwicklung eines Controllingsystems

Im Folgenden wird das Kennzahlensystem durch die Ist- und Planzahlen 2016 ergänzt und weiterhin zu einem Controllingsystem entwickelt.

Abb.2: Eigene Darstellung des Controllingsystems der XY GmbH

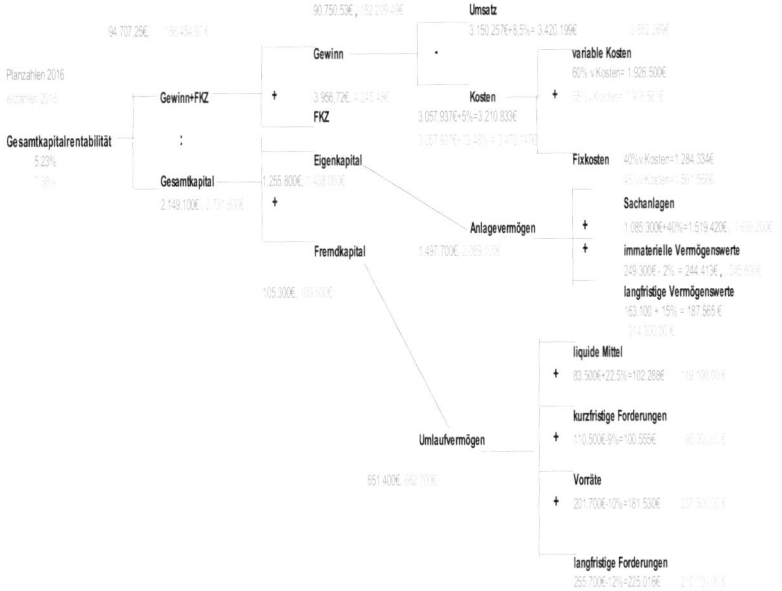

2.3 Interpretation Controllingsystem

Anhand des zuvor erstellten Controllingsystems lassen sich die Plan – und Istzahlen der XY GmbH miteinander vergleichen.

Die Sachanlagen wurden mit einem Anstieg von 40% geplant, welcher übertroffen wurde. Insgesamt haben sich die Sachanlagen um 48% erhöht, was auf die Modernisierungsmaßnahmen zurück zu führen ist. Die Modernisierung ist teurer geworden, als ursprünglich geplant. Ein Grund hierfür könnten teure Maschinen sein.

Die immateriellen Vermögenswerte sind leicht gestiegen und demnach gering höher als die Planzahlen ausgesagt haben. Der Grund dafür könnte der sein, dass mehr Geld vorhanden ist. Diese Aussage bestätigt auch der hohe Anstieg der liquiden Mittel. Geplant war ein Anstieg von 22,5%. Letztlich wurde aber ein Anstieg von ca. 42% erreicht. Diese Verbesserung ist sehr positiv für das Unternehmen, da dadurch mehr finanzieller Spielraum und eine bessere Zahlungsfähigkeit herrschen. Hinzuzufügen wäre dann auch der Anstieg des Gesamtkapitals und des Gewinns. Die XY GmbH hat die Planzahl des Gewinns fast verdoppelt. Begründen könnte man diesen Anstieg mit den Modernisierungsmaßnahmen. Offensichtlich haben diese positive Auswirkungen auf den Verkauf und die Produktion.

Im Gegenzug haben sich aber die Fixkosten um 5% erhöht, da durch die Gewinnsteigerung wahrscheinlich mehr Arbeit entsteht und demnach mehr Personal benötigt wird. Daher kann man diesen Anstieg beispielsweise den Personalkosten zuordnen.

Ein Ziel der XY GmbH war, die Vorräte durch verbesserte Versandmöglichkeiten um ein Zehntel zu verringern. Dieses Ziel wurde allerdings nicht erreicht, sondern die Vorräte wurden um 17% erhöht. Möglicherweise wurde die Verbesserung der Versandmöglichkeiten zu positiv eingeschätzt oder es kam zu einem Fehler bei der Inventur.

Zuletzt wären noch die langfristigen Vermögenswerte zu erwähnen. Anhand der Planzahlen sollten diese um 15% erhöht werden. Die Istzahlen zeigen, dass sich der Wert um knapp mehr als 30% erhöht hat. Diese Veränderung kann man sowohl positiv als auch negativ bewerten. Durch diese Erhöhung steigt das Vermögen des Unternehmens in den Anlagen, was zum steuerlichen Vorteil der GmbH wird. Allerdings erhöht das Anlagevermögen nicht den flüssigen Zahlungsmittelbestand, was wiederum zu schlechterer Zahlungsfähigkeit führen kann.

Zusammenfassend kann man aber sagen, dass trotz der vereinzelt negativen Werte, die Istzahlen 2016 sehr positiv sind. Besonders die Kennzahlen wie Gewinn und Gesamtkapital geben guten Aufschluss über die Finanzen des Unternehmens. Die XY GmbH hat eine sehr positive Entwicklung durchgemacht.

Das Controllingsystem bietet insgesamt einen guten Überblick über die Planzahlen für das Unternehmen und ist bis auf wenige Ausnahmen sehr realitätsnah.

3 Kostenrechnung

3.1 Zuschlagskalkulation

Wareneinsatz: 272.600 € (netto)

Miete: 90.100 € (netto)

Versicherung: 4.096 € (netto)

Personal: 72.690 € (netto)

Vertrieb: 5.240 € (netto)

Berechnung des Handlungskostenzuschlages:

Handlungskostenzuschlag (Prozent) = (Handlungskosten : Wareneinsatz) x 100

Die Miet-, Versicherungs-, Personal- und Vertriebskosten bilden zusammen die Handlungskosten. *(90.100 € + 4.096 € + 72.690 € + 5.240 € = 172.126 €)*

HZ= (172.126 € : 272.600 €) x 100 = 63,14%

Tab.2: Eigene Darstellung der Handelskalkulation

Listeneinkaufspreis (netto)	69,50 €
-2,4 % Rabatt	1,67 €
→ **Zieleinkaufspreis**	67,83 €
- Skonto 1%	0,68 €
→ **Bareinkaufspreis**	67,15 €
+ Bezugskosten	0,75 €
→ **Bezugspreis / Einstandspreis**	67,90 €
+ Handlungskosten (63,14 %)	42,87 €
→ **Selbstkosten**	110,77 €
+ Gewinn (35,5%)	39,32 €
→ **Barverkaufspreis**	150,10 €
+ Kundenskonto 3%	4,64 €
→ **Zielverkaufspreis**	154,74 €
+ Kundenrabatt 4%	6,45 €
→ **Listenverkaufspreis netto**	161,19 €
+ Mehrwertsteuer (19%)	30,62 €
→ **Verkaufspreis brutto**	191,81 €

Der Bruttoverkaufspreis, den das Warenhaus für die entsprechende Sportuhr ansetzen sollte, liegt bei **191,81 €.**

Die Handlungskosten liegen bei **42,87€** , was entsprechend **63,14%** vom Bezugspreis sind.

3.2 Deckungsbeitragsrechnung

Gesucht wird der Bruttoverkaufspreis einer Laufbandanalyse, damit der Deckungsbeitrag nicht negativ ausfällt. (DB=0)

Zunächst wird der Kostenaufwand von Miet- und Nebenkosten errechnet:

Miete (netto) pro Monat: 8900€

+5% der Miete für die Nebenkosten

→ 8900€ Miete + 445 € NK = 9345€ Gesamtmiete pro Monat

Für die Laufbandanalyse werden 20qm Fläche benötigt.

Gesamtfläche = 1200qm

1200qm = 9345€ : 1200

1qm = 7,79€   x 20

20qm = 155,80€

→ **Mietkosten für die Analyse: 155,80€**

Abschreibungen (brutto) für 6 Jahre = 3850€

(3850€ : 119%) x100 = 3235,29€ Nettobetrag der Abschreibungen für 6 Jahre

3235,29€ : 6 Jahre = 539,27€ Nettobetrag der Abschreibungen für 1 Jahr

539,27€ : 12 Monate = 44,94€ Nettobetrag der Abschreibungen pro Monat

→ **Abschreibungskosten für die Analyse: 44,94€**

Provision der Mitarbeiter:

240 Interessenten pro Monat, davon nimmt 1/3 die Analyse in Anspruch

= 80 Personen

Von den 80 Personen kauft 70% Laufschuhe

→ (80:100) x 0,7

= 56 Paar Schuhe

5€ Provision pro verkauftes Schuhpaar

→ 56x5€ = 280 €

→ **Provisionskosten für die Analyse: 280€**

Gesamtkosten: 155,80€ Miete + 44,94€ Abschreibungen + 280€ Provision = 480,74€

Formel zur Berechnung des Bruttoverkaufspreises:

Umsatz = Deckungsbeitrag + Kosten

Besonderheit des Umsatzes: 50% Rabatt auf die Laufbandanalyse bei Kauf von Schuhen.

Gesucht wird der Preis für die Laufbandanalyse, daher x

56 Käufer erhalten 50% Rabatt auf die Analyse: (56/2) x

24 Kunden nehmen nur die Analyse in Anspruch: 24x

Rechnung:

$(56/2)x + 24x = 0€ + 480,74€$

$52x = 480,74€$: 52

$x = 9,25 €$

Der Nettoverkaufspreis für die Laufbandanalyse beträgt 9,25€.

Gesucht wird der Bruttoverkaufspreis, daher:

9,25€ + 19% Mwst. = 11,00 €

Das Warenhaus XY muss die Laufbandanalyse für einen Bruttoverkaufspreis von 11,00€ anbieten, damit der Deckungsbeitrag = 0 ist.

3.3 Interpretation einer Deckungsbeitragssituation

Sollte der Deckungsbeitrag II eines Unternehmensbereiches negativ sein, der Deckungsbeitrag I jedoch positiv, so ist die einzig richtige Unternehmensstrategie, dass dieser Geschäftsbereich aufgegeben werden muss!"

Diese Aussage ist in meinen Augen überstürzt, da es nicht sinnvoll ist, den negativen Bereich sofort zu streichen. Sobald man die Herstellung von einzelnen Produkten einstellt, erhöhen sich die Fixkosten der anderen Produkte und der Gewinn verringert sich.

Des Weiteren könnte es sein, dass die Aufgabe des Geschäftsbereiches dafür sorgt, dass auch die Produkte mit positivem Deckungsbeitrag Einbuße abzeichnen, da es sich um eine zusammenhängende Produktpalette handelt. Diese Produkte werden nur verkauft, da eben auch Produkte mit negativem Deckungsbeitrag angeboten werden. Am Ende wird dann also trotzdem ein Gewinn erzielt.

Um den Deckungsbeitrag II in den positiven Bereich zu bekommen, würden sich beispielsweise Verbundkäufe anbieten. Produkte mit positivem Deckungsbeitrag werden gemeinsam mit den Produkten des negativen Deckungsbeitrages angeboten. So wächst dann das Interesse an diesen Produkten und der Deckungsbeitrag nimmt zu.

In großen Unternehmen wie z.b. großen Supermärkten erwirtschaftet längst nicht jedes Produkt einen positiven Deckungsbeitrag und dennoch gibt es diese Vielzahl an Produkten in den Regalen. Meiner Meinung nach hätte es negative Auswirkungen auf den gesamten Gewinn, wenn solche Läden alle Produkte aus dem Sortiment nehmen würden, die keinen positiven Deckungsbeitrag erbringen.

Einzelne Produkte müssten wesentlich teurer werden, um die Fixkosten zu decken und das Unternehmen verliert seine Kunden an günstigere Anbieter.

Abschließend kann man also sagen, dass dass die negativen Folgen einer solchen Geschäftsbereichsaufgabe wesentlich gravierender wären. Natürlich sollten die Zahlen regelmäßig beobachtet werden und an verkaufsfördernden Maßnahmen gearbeitet werden. Aber die finanzielle Situation des Unternehmens würde stark darunter leiden.

Daher kann man sagen, dass die Aussage nicht zwingend korrekt ist.

4 Literaturverzeichnis

Preißler, P. R. (2008). *Betriebswirtschaftliche Kennzahlen. Formeln, Aussagekraft, Sollwerte, Ermittlungsintervalle.* München: Oldenbourg.

Hohl, W., Rohrbach, H.-D., Meves, O. , Bruss, D. (2006). *Bilanzen lesen und verstehen. Eine Einführung in die Bilanzanalyse* (Praxiswissen Wirtschaft, 2., völlig neu bearb. Aufl.). Heidelberg: Economica- Verl.

Wehrheim, M. & Schmitz, T., (2005). *Jahresabschlussanalyse. Instrumente Bilanzpolitik Kennzahlen*. (2.,überarb. Aufl.). Stuttgart: Kohlhammer.

Vollmuth, H. J. (2001). *Bilanzen richtig lesen, besser verstehen, optimal gestalten. Bilanzanalyse und Bilanzkritik für die Praxis* (WRS-Betriebspraxis , 4., durchges. und erw. Aufl). Planegg: WRS-Verl.

Ziegenbein, K. (2007). *Controlling* (Kompendium der praktischen Betriebswirtschaft, 9., überarbeitete und aktualisierte Aufl.) Ludwigshafen (Rhein): Kiehl.

5 Abbildungs- und Tabellenverzeichnis

5.1 Tabellenverzeichnis

Tab. 1: Eigene Darstellung der errechneten Kennzahlen...5
Tab. 2: Eigene Darstellung der Handlungskalkulation..11

5.2 Abbildungsverzeichnis

Abb.1: Eigene Darstellung des Kennzeichensystems der XY GmbH 8
Abb.2: Eigene Darstellung des Controllingsystems der XY GmbH...............................9

BEI GRIN MACHT SICH IHR WISSEN BEZAHLT

- Wir veröffentlichen Ihre Hausarbeit, Bachelor- und Masterarbeit

- Ihr eigenes eBook und Buch - weltweit in allen wichtigen Shops

- Verdienen Sie an jedem Verkauf

Jetzt bei www.GRIN.com hochladen und kostenlos publizieren